VENTE APRES DÉPART

Les Jeudi 31 Mai, Vendredi 1er et Samedi 2 Juin 1894

1, RUE BENOUVILLE, 1

A DEUX HEURES

BEAU
Mobilier Artistique

Ancien et de Style

OBJETS D'ART, BRONZES, SCULPTURES

TABLEAUX

TAPISSERIES DES GOBELINS ET DE BRUXELLES

Tentures et Tapis

Garnissant l'Hôtel de M. P...

Me G. BOULLAND
Commissaire-Priseur
26, Rue des Petits-Champs, 26

M. A. BLOCHE
Expert
25, Rue de Châteaudun, 25

EXPOSITIONS

PARTICULIÈRE
Le Mardi 29 Mai

PUBLIQUE
Le Mercredi 30 Mai

de 1 heure à 5 heures et demie

IMPRIMERIE ARTISTIQUE

E. MÉNARD & Cie

Bureaux et Ateliers: PARIS — 8, RUE MILTON

CATALOGUE

D'UN

Mobilier Artistique

Ancien et de Style

DES

OBJETS D'ART

Sculptures, Bronzes, Tableaux

TAPISSERIES DES GOBELINS ET DE BRUXELLES

Tentures et Tapis

Garnissant l'Hôtel de M. P...

1, Rue BENOUVILLE (36, Rue SPONTINI)

OU LA VENTE AURA LIEU

Les Jeudi 31 Mai, Vendredi 1er et Samedi 2 Juin 1894

A DEUX HEURES

Me G. BOULLAND
Commissaire-Priseur
26, Rue des Petits-Champs, 26

M. A. BLOCHE
Expert
25, Rue de Châteaudun, 25

Chez lesquels se trouve le présent Catalogue

EXPOSITIONS

PARTICULIÈRE	PUBLIQUE
Le Mardi 29 Mai	*Le Mercredi 30 Mai*

de 1 heure à 5 heures et demie

NOTA. — *L'Hôtel est à vendre. S'adresser à MM. REYRE Frères, 34, rue de Châteaudun, à Paris*

CONDITIONS DE LA VENTE

La vente sera faite *expressément* au comptant.

Les acquéreurs payeront en sus des adjudications *cinq pour cent.*

L'exposition mettant le public à même de se rendre compte de l'état des objets, il ne sera admis aucune réclamation une fois l'adjudication prononcée.

Paris. — Imprimerie, E. Ménard et Cie, 8, rue Milton.

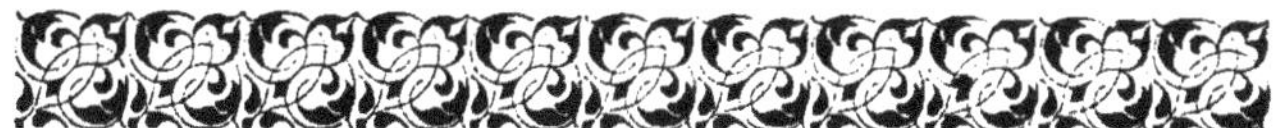

Antichambre

1 — Grande stalle en noyer ciré, forme coffre à bois, fronton à voussure, style XVIe siècle.

2 — Coffre à bois en bois sculpté avec médaillon en bas-relief sur le devant, XVIe siècle.

3 — Deux escabeaux en noyer sculpté. Travail italien, style Renaissance.

4 — Porte-parapluie en porcelaine de Chine céladon, monture bambou.

5 — Joli panneau en tapisserie, représentant sainte Madeleine en prière, bordure à fleurs.

6 — Panneau en ancienne tapisserie verdure, avec bordure sur trois côtés.

7 — Porte-manteau en chêne avec appliques nickelées.

8 — Deux chiens en marbre blanc, XVIIe siècle. Travail italien.

9 — Lanterne d'antichambre en fer forgé avec vitraux de couleur. Style Renaissance.

10 — Fauteuil de coin en noyer, sculpté couvert en lampas bleu. Travail italien.

11 — Jardinière en cuivre repoussé, XVIIe siècle.

12-13 — Deux portières en ancienne tapisserie verdure avec des animaux, encadrée de velours rouge antique, doublées et moletonnées.

14 — Panneau en tapisserie ancienne à personnage.

15 — Grande tapisserie formant portière double, verdure animée d'oiseaux, époque Louis XV.

16 — Gaîne en marbre gris.

17 — Buste de femme en bronze patine claire; signé : *Danezan, à Paris*. Sur socle en marbre griotte à pivot.

18 — Statuette en terre cuite : *La Fortune*, de L. MAX BOURGEOIS.

19 — Paire de vases en porcelaine cloisonnée de Chine fond noir à médaillons en bleu, décor fleurs.

Petit Salon

20 — Décoration de baie en satin rouge de Chine, avec bandeau en broderie de soie à fleurs et oiseaux, embrasses et franges assorties.

21 — Décoration de croisée composée de deux rideaux en satïn rouge brodés d'or avec bandeau en satin bleu de Chine, franges et embrasses assorties.

22 — Décoration de croisée en satin bleu de Chine, ornée de broderies de soie, fleurs et oiseaux en polychrome, bandeau en satin bleu de Chine avec franges et embrasses assorties.

23 — Portière double, relevée à l'italienne, en satin bleu avec bordure en satin rouge brodé à fleurs, franges et cordelières assorties.

24 — Tablette de cheminée en vieux satin de Chine brodé à fleurs et oiseaux, fond bleu avec draperie.

25 — Joli cabinet en bois du Tonkin avec in-

crustations de nacre, représentant des pagodes et des personnages, ouvrant à trois compartiments et nombreux tiroirs.

26 — Jolie Crédence en bois de fer du Japon, ornée de panneaux en laque d'or et aventuriné.

27 — Petite étagère d'applique en bois de fer de Chine.

28 — Table à jeu, forme mouchoir, en bois de fer gravé.

29 — Chaise en bois de fer, couverte en satin gros bleu et broderies de soie à fleurs.

30 — Six chaises en bois de fer, dossiers sculptés et ornés de chimères, sièges cannés et recouverts de coussins en soierie brodée de Chine.

31 — Joli petit canapé en satin de Chine gros bleu, orné de draperie en satin brodé.

32 — Siège d'encoignure en lampas gris à fleurs.

33 — Statuette d'homme en bronze ancien patine noire.

34 — Colonne en marbre veiné, chapiteau tournant sur pivot.

35 — Grand piano à queue en bois noir, d'Erard.

36 — Joli lustre à six lumières en bronze, style japonais.

37 — Jolie pendule en bronze doré avec cadran suspendu, en émail cloisonné fond bleu et ornée de deux appliques à deux lumières, style chinois.

38 — Paire de candélabres à trois lumières, en bronze doré, ornés de fleurs de Saxe en reliefs et de perroquets en porcelaine fond bleu, se tenant debout sur des terrasses, style Louis XV.

39 — Garniture en bronze argenté, composée d'une coupe, anses formés par des cariatides de femmes et d'amours et de deux buires sur socles marbre griotte.

40 — Statuette en bronze patine brune : *Vénus de Milo.*

Edition de BARBEDIENNE.

41 — Deux vases en émail cloisonnée de Chine fond bleu clair à fleurs.

42 — Deux vases en faïence de Delft, décor fleurs et oiseaux en bleu rouge et vert.

43 — Coffret à bijoux en cuivre gravé.

44 — Statuette en bronze : *le Joueur de cornemuse,* de A. MOREAU-VAUTHIER.

45 — Miroir japonais en bronze argenté.

46 — Jolie coupe en marbre veiné, supportée par un dragon ailé en brouze de Chine.

47 — Devant de feu en bronze noir, orné de chainettes, lézards en relief.

48 — Tapis de Smyrne fond rouge, à médaillons encadré de bistre rouge.

49 — Beau groupe en bronze : *Chatelaine et enfant,* de FAURE DE BROUSSE (signé), sur support à quatre griffes orné de mascarons.

Grand Salon

50 — Décoration de deux croisées composées chacune d'un grand rideau en damas de soie bleue claire, brodé à la main, avec draperies et

chutes en peluche vieux vert, galeries en bois doré, style Louis XIV.

51 — Grande et belle tapisserie de Bruxelles à personnages, avec bordure.

52 Tapisserie ancienne de Bruxelles, à personnages et bordure, encadrée de peluche, et relevée à l'italienne.

53 — Bandeau en tapisserie ancienne à fleurs et attributs de musique.

54 — Jolie portière en peluche vieux bleu avec jardinière et fleurs en broderie ornée d'un bandeau vert brodé en peluche avec broderie ancienne.

55 — Grande table en bois sculpté et doré avec dessus en marbre brèche de Sicile, époque Louis XIV.

56 — Console en bois sculpté et doré, dessus marbre brèche d'Alep, époque Louis XIV; sur socle peluche rouge.

57 — Console en bois sculpté et doré, ornée de roses et guirlandes de fleurs, couverte en vieux rose, sur socle sculpté.

58 — Ameublement de salon en bois sculpté et doré, style Louis XIV, composé d'un canapé, deux fauteuils et deux chaises, couverts en lampas de soie fond vieil or à fleurs.

59 — Deux fauteuils en soierie brochée, à fleurs fond crême, avec passementeries assorties.

60 — Deux chaises en bois sculpté et doré, couvertes en ancienne soierie fond crême avec broderies à fleurs, style Louis XIV.

61 — Fauteuil en bois sculpté et doré, couvert en ancienne soierie brochée à fleurs, style Louis XIV.

62 — Fauteuil en bois sculpté et doré, style Louis XIV, couvert en soierie ancienne, fond crême, à jardinières et guirlandes de fleurs.

63-64 — Deux belles vitrines en bois sculpté et doré, dessus en marbre vert de mer, style Louis XIV.

65 — Très beau paravent en bois sculpté et doré, à trois panneaux en tapisserie au petit point représentant des personnages du moyen âge, au milieu de volutes de fleurs et d'oiseaux.

66 — Jolie petite table en bois sculpté et doré, dessus en onyx, style Louis XV.

67 — Statuette en marbre blanc : la *Baigneuse* d'après FALCONET.

68 — Paire de vases en porcelaine du Japon polychrome, monture en bronze doré, style Louis XV.

69 — Groupe en bronze patine claire : les *Danseuses au Tambourin*, de DUMAIGE. Sur socle en marbre à pivot tournant.

70 — Deux beaux vases en marbre vert, ornés de bronze, avec bouquets à cinq lumières, style Louis XVI.

71 — Très joli lustre, finement ciselé et doré, à dix lumières, signé Barbedienne.

72 — Statuette en bronze argenté : *l'Enfant au Coq*, sur socle en marbre rouge.

73 — Gaîne en marbre vert à plinthe tournante.

74 — Statuette en bronze : *la Fortune*, de MOREAU-VAUTHIER. Edition de Barbedienne.

75 — Statuette en bronze patine claire : *Diane chasseresse*, d'après Houdon,

76 — Deux statuettes en bronze argenté : *Personnages du moyen-âge*, de M. Lippmann.

77 — Paire de colonnes en marbre vert à chapiteaux tournants.

78 — Buste en marbre blanc : *Ophélie*, par Pierre Granet. Sur socle peluche rouge.

79 — Petit vase en bronze émaillé sur quatre pieds à têtes de chiens. Edition de Barbedienne

80 — Grande glace avec cadre en bois sculpté et et doré, fronton surmonté d'un masoaron à tête d'enfant, orné de guirlandes de fleurs. Epoque Louis XIV.

81 — Grande glace avec cadre en bois sculpté et doré à arabesques et fleurs, époque Louis XIV.

82 — Paire de beaux flambeaux en bronze doré, formés par des cariatides de femmes. Style Louis XVI. Travail de la maison Paillard.

83 — Deux boîtes à thé en émail cloisonné de Chine, fond bleu.

84 — Vide-poche formé par un amour en bronze argenté. Sur socle en onyx.

85 — Sonnette formée par une tête de cheval en bronze patine brune.

86 — Carrier-Belleuse : *L'Innocence lutinée par les amours*. Grand groupc en terre cuite. sur socle en peluche à pivot.

87 — Petit vide-poche formé par une figurine : *Enfant au parasol*, en bronze doré, sur coupe en onyx.

88 — Deux chenets forme *Marquises*, en bronze poli.

89-100 — Nombreux objets de vitrine (sera divisé).

101 — Tapis d'Orient, fond vert, à médaillons en polychrome.

102-103 — Deux carpettes d'Orient.

Salle à Manger

104 — Belle tapisserie verdure, XVe siècle, sujet de chasse.

105-109 — Cinq panneaux en tapisserie à paysages et animaux, XVIIIe siècle.

110 — Paire de chenets en bronze poli, style Renaissance, lions héraldiques.

111 — Pelle et pincette en cuivre.

112 — Suspension en bronze poli à une lampe et huit bougies, style Renaissance.

113 — Joli bureau en bois de fer tout incrusté de nacre et plaqué d'écaille et d'ivoire, tiroirs. Travail ancien, XVIe siècle, des Philippines, posé sur console de même style.

114 — Garniture de trois pièces : potiche et deux cornets en porcelaine de Chine fond rose, ornés d'objets d'ameublement en relief.

115 — Décoration de croisée formée de rideaux relevés à l'italienne et de pentes en velours de lin vieux rouge avec lambrequin, garnis de passementeries.

116 — Chien en porcelaine,

117 — Grand buffet en chêne sculpté, formant vitrine dans le hant et à quatre portes pleines

dans le bas, à rocailles et feuillages, époque Louis XIV.

118 — Grande table en chêne à quatre allonges.

119 — Six chaises en chêne sculpté couvertes en cuir de Cordoue, époque Louis XV.

120 — Six chaises en chêne sculpté, dossiers cannés, sièges couverts en maroquin, époque Louis XV.

121 — Six chaises en chêne sculpté, foncées de canne dorée, époque Louis XV.

122 — Tabouret forme X, en noyer sculpté couvert en tapisserie représentant la Moisson.

123 — Païre de candélabres en bronze, à cinq lumières, ornés de mascaron, de biches et surmontés de cigognes.

124 — Guéridon en bois satiné du Tonkin, avec incrustations de nacre à guirlandes de fleurs.

125 — Paire de grands et beaux vases en émail cloisonné de Chine, fond rose, à fleurs et oiseaux.

126 — Gaîne en bois sculpté, dessus en marbre vert.

127 — Paire de lampes forme vases, en émail cloisonné du Japon, fond bleu, décor à papillons et feuillages, monture en bronze noirci et frotté.

128 — Grande cassolette en porcelaine du Japon à cartels en rouge, or et blanc, couvercle surmonté d'une chimère, anses formées de mascarons de femmes, monture bronze doré.

129 — Lampe de parquet en bronze, à cariatides et médaillons de femmes, style grec.

130 — Horloge du XVIIIe siècle.

131 — Groupe en marbe blanc, *l'Amour et Psyché*, d'après CANOVA.

132 — Gaîne en chêne à cannelures, dessus en marbre rouge.

133 — Cloche en cuivre ajouré.

134 — Tapis en moquette fond rouge à fleurs en jaune et noir.

135-145 — Nombreuses pièces en métal argenté : huiliers, salières, moutardiers, plateaux, cafetières, théières, etc. *(sera divisé)*.

146 — Services en porcelaine.

147 — Services de verrerie.

Antichambre du deuxième étage

148 — Table en noyer ciré, style Henri II.

149 — Colonne en marbre, brèche d'Alep.

150 — Jardinière faïence barbotine.

151 — Jolie table formant bureau, table à ouvrage et table à jeu, avec nombreux compartiments, en palissandre ciré et filets de cuivre, style Louis XVI.

Véranda

152 — Meuble à étagères en bois de fer de Chine à quatre étagères et à portes pleines dans le bas.

153 — Deux chaises en bois de fer de Chine.

154 — Petit cabinet en bois de Chine à rehauts d'or, à deux tiroirs dans le haut et à portes pleines dans le bas, avec étagères.

155 — Vase en porcelaine de Chine craquelée.

156 — Bouquetières en porcelaine de Chine, monture en bronze noirci, à jour.

157 — Paire de candélabres formés par des statuettes en bronze : *l'Enfant à l'oiseau* et *l'Enfant au nid*, tenant des bouquets à quatre lumières, style Louis XV.

158 — Deux tabourets orientaux.

159 — Table gigogne.

160 — Deux grands vases craquelés, sur pieds, en bois de fer.

161 — Jardinière en marqueterie de bois de rose et de violette, ornée de cariatides de femmes en bronze style Louis XV.

162 — Gong jnponais en bronze, monté dans un écran en bambou.

163 — Deux fauteuils en bambou.

164 — Paire de vases avec couvertures en cuivre, de Perse.

165 — Jardinière en porcelaine d'Allemagne, fond blanc à fleurs.

166 — Presse-papier, chien et oiseau, en bronze, socle marbre.

167 — Lion en bronze.

168 — Socle en bois noir à têtes d'éléphants.

169 — Etagère en porcelaine du Japon et bambou.

170 — Carpette d'Orient, fond rouge et bandes en coulenrs diverses.

Boudoir

171 — Décoration de deux croisées formées chacune de deux rideaux en soierie fond vieil or à fleurs avec draperies, glands et passementeries assortis.

172 — Décoration de glace formée de draperie et de deux portes en soierie brochée, fond rose à fleurs, style Louis XV.

173 — Ameublement en bois laqué et perlé or, style Louis XVI, composé d'un canapé et quatre fauteuils couverts en soierie fond vieil or à fleurs, analogue aux rideaux.

174 — Portière en tapisserie d'Aubusson, avec médaillon représentant une femme dans un jardin, soutenu par des guirlandes de fleurs

175 — Canapé tout capitonné en soierie fond vert, à paniers de fleurs en polychrome, style Louis XVI.

176 — Chaise en bois laqué, blanc et or, couverte en soie bleue â fleurs, style Louis XVI.

177 — Secrétaire forme bureau en marqueterie de luxe, dessin à roses et guirlandes, dessus en marbre, style Louis XVI.

178 — Guéridon en bois d'acajou orné de bronzes, dessus en marbre griotte, style Louis XVI.

179 — Consolc en bois sculpté et doré, dessus en marbre blanc, style Louis XVI.

180 — Petii guéridon avec tablette d'entrejambe en acajou orné de bronzes, dessus en marbre style Louis XVI.

181 — Pendule forme monument, en marbre blanc et bronzes dorés, finement ciselés, cadran signé : Rouvière, à Paris.

182 — Paire de candélabres formés par des statuettes de nègres en bronze, tenant des bouquets à quatre lumières, style Louis XVI. Posant sur futs de colonnes en marbre.

183 — Paire de vases cylindriques en ancien émail cloisonné de Chine, fond rouge et bleu, à fleurs, monture en bronze.

184 — Paire de chenets, forme vases, en bronze doré, style Louis XVI.

185 — Groupe en bronze patine brune : *Satyres*, d'après Clodion.

186 — Petite table en bois laqué blanc, à perles d'or, dessus en marbre, style Louis XVI.

187 — Buste en marbre blanc : *la Femme au papillon*, de Carrier-Belleuse.

188-189 — Deux belles gaines en marbre griotte, ornées de bronzee dorés, à pivots tournants.

190 — Grande glace de Venise, forme médaillon.

191 — Statuette én bronze patine claire.

192 — Groupe en bronze : l'*Education maternelle*. Edition de BARBEDIENNE.

193 — Paire de lampes en bronze argenté, à figures de Chinois.

194 — Deux belles paires d'appliques en bronze doré, formées par des cariatides d'enfants tenant des bouquets à trois et à deux lumières. Style Louis XV.

195-200 — Nombreux coussins en soierie *(sera divisé)*.

201 — Tapis genre oriental, entouré de moquette rouge.

202 — Carpette d'Aubusson.

203 — Joli vase en ancienne porcelaine de Chine, famille verte, monture bronze doré, sur socle en peluche.

Première chambre à coucher

204 — Décoration de deux croisées, formée de quatre rideaux et décor de lit en satin gris perle, avec embrasses, cordelières et passementerie assorties.

205 — Beau couvre-lit en soierie vieux bleu, dessin à corbeille de fleurs entourée d'arbustes et de guirlandes de fleurs en broderie métallique et de soie, époque Louis XV. Bordure en velours vieux rose,

206 — Décoration de cheminée formée d'un bandeau et de grandes pentes en peluche marron avec applications feuillages et fleurs en soierie de toutes nuances garnies de passementeries assorties.

207 — Très bel ameublement de chambre à coucher, en noyer ciré à rehauts d'or, composé d'un lit de milieu, une table de nuit, une armoire à glace biseautée ornée de tiroirs et de réserves sur les côtés, style Louis XV.

208 — Prie-Dieu oratoire à portes pleines, en noyer ciré à rehauts d'or, intérieur peluche rouge, style Louis XV.

209 — Très beau bureau en bois de violette orné de mascarons et de cariatides d'hommes, en bronzes dorés, style Louis XIV.

210 — Christ ancien en ivoire.

211 — Petite table-bureau en bois de rose, ornée de bronzes dorés, Louis XV.

212 — Joli paravent en noyer ciré, sculpté, à fonds de glaces biseautées et à trois feuilles, couvertes en lampas vieil or, et à fleurs, style Louis XV.

213 — Deux jolis et curieux fauteuils, en noyer sculpté, à rehauts d'or, ornés de rocailles et de figurines d'amours, avec coussins sur les accotoirs, couverts en soierie fond bleu brochée à fleurs, style Louis XV.

214 — Canapé tête-à-tête et deux chaises légères, en noyer finement sculpté, couverts en soierie brochée fond bleu à fleurs, style Louis XV.

215 — Marquise, en noyer sculpté, couverte en soierie fond vieil or brochée, à fleur, style Louis XV.

216 — Grande et belle glace biseautée, cadre doré orné de cariatides de femmes dans des volutes.

Le fronton représente des paniers et des vases de fleurs soutenus par des guirlandes style Louis XIV.

217 — Commode en bois de rose, ornée de bronzes dorés, dessus de marbre gris, style Louis XV.

218 — Beau buste en bronze patine claire : *La Cruche cassée*, signé L. Grégoire, 1876. Sur socle en marbre rouge et noir, posant sur quatre pieds en bronze.

219 — Paire de jolis candélabres en bronze doré, à sept lumières supportées par des têtes de béliers ornés de médaillons à personnages et de sirènes, style Louis XIV.

220 — Paire de candélabres formés par des statuettes d'amours en bronze patine noire tenant des bouquete à trois lumières, style Louis XV. Posés sur socles en marbre griotte et bronzes. Travail de Dasson.

221 — Porte-bouquet en émail cloisonné fond bleu à fleurs multicolores, anses en bronze formés par des dragons ailés.

222 — Paire d'appliques en bronze à deux lumières formées par des cariatides de femmes, style Louis XVI.

223 — Glace biseautée, sur chevalet en bronze poli, style Louis XIV.

224 — Petit carlin en bronze, formant presse-papier.

225 — Paire de chenets en bronze doré, formes de vases, style Louis XVI.

226 — Grand tapis, fond crême à fleurs, avec bordure.

Cabinet de toilette

227 — Grande armoire à glace biseautée dans le milieu et portes pleines de chaque côté, en pitchpin, avec appliques en bronze à deux lumières.

228 — Grande toilette à trois portes pleines et tiroirs en pitchpin, dessus en marbre blanc, surmontée d'une glace.

229 — Garniture de toilette en faïence.

230 — Chaise longue en bois laqué blanc, couverte en étoffe de fantaisie fond bleu et vieil or, style Louis XIV.

231 — Petite table en bambou.

232 — Deux flambeaux en bronze doré, style Louis XVI.

233 — Deux lampes en cuivre, monture en verre opaque.

234 — Baignoire.

Antichambre du 2e étage

335 — Bahut en bois sculpté, dessus en marbre, époque Louis XV.

236 — Deux fauteuils bas et deux chaises en noyer sculpté, couvertes en soierie vert d'eau, avec bandes de velours noir.

237 — Décoration de porte, formée d'un grand rideau relevé à l'italienne, d'une pente et d'un lambrequin en panne rouge.

238 — Carpette d'Orient, à médaillon fond bleu et bordures blanc et rouge.

Cabinet de travail

239 — Grand bureau-ministre, à double face, à dix-huit tiroirs, en noyer ciré, avec tablettes sur les côtés, couvert en drap vert, style Renaissance.

240 — Grande bibliothèque, bois sculpté, d'aspect monumental, formant vitrine dans le haut et à portes pleines dans le bas, style Renaissance.

241 — Meuble crédence à colonnes, en noyer sculpté, à voussure dans le haut. Le panneau du milieu représente un guerrier, de chaque côté des étagère, style Renaissance.

242 — Meuble à hauteur d'appui, en chêne sculpté, style Louis XIII.

243 — Grand paravent à 5 feuilles en bois laqué fond brun, représentant des soleils, couverts en velours de toutes nuances, à broderies et fleurs métallique, style chinois.

244 — Garniture de cheminée, formée d'une pendule on marbre noir, ornée d'un bas-relief, re-

présentant la danse des nymphes et de deux coupes en bronze, sur socles marbre, style Louis XIII.

245 — Statuette en bronze noirci : *Diane de Gabie*, de Barbedienne.

246 — Paire de candélabres en bronze, à quatre lumières, à anses formées par des masques de temmes.

247 — Deux chaises en noyer sculpté à jour, couvertes en panne rouge, style Henri II.

248 — Deux grands fauteuils en chêne sculpté, couverts en tapisserie à fleurs et branchages, fond vieil or, ornés de têtes de lions, style Louis XIII.

249 — Ceux fauteuils et deux chaises en noyer sculpté, couverts en étoffe de fantaisie fond jaune à fleurs, style Louis XIII.

250 — Ecran de cheminée en tapisserie ancienne, moutons dans un paysage.

251 — Cabinet portugais à tiroirs xvie siècle, en bois incrusté.

252 — Coffre en bois incrusté à couvercle arrondi, avec ferrures XVIe siècle.

253 — Paire de potiches en porcelaine de Chine, décor bleu sur blanc.

254 — Petit buste, *Ponsard* en plâtre.

255 — Tableau en tapisserie des Gobelins, représentant Sainte Madeleine aux pieds du Christ. Epoque Louis XIV ; cadre en bois sculpté de l'époque.

256 — Barye. *Lion au serpent.* Bronze, épreuve ancienne.

257 — P.-J. Mériel : *Cerf et biche*, en bronze.

258 — Marbre noir : *Tête d'Hercule.*

259 — Tapis-moquette fond rouge, à compartiments.

Deuxième Chambre à coucher

260 — Décoration de deux croisées et d'un lit, en satin fond crème, à fleurs.

261 — Petit meuble formant coffre à bijoux, en bois de fer, intérieur à compartiments capitonnés en satin bleu, style Chinois.

262 — Bureau à dos d'âne, surmonté d'une étagère. Décor de sujets chinois en marqueterie de luxe.

263 — Ameublement de chambre à coucher, en thuya et palissandre, composé d'un lit de milieu, une armoire à glace biseautée, une table de nuit-chiffonnier, style Louis XVI.

264 — Table à tiroir en thuya et palissandre, style Louis XVI.

265 — Deux fauteuils en soierie fond bleu et fleurs en broderie, style Louis XVI.

266 — Deux chaises en bois noir, à rehauts d'or, couvertes en satin marrou broché à fleurs.

267 — Deux chaises en bois noir, cannées.

268 — Garniture de cheminée, composée d'une pendule en marbre rouge, surmontée d'une statuette de femme en bronze argenté, et de deux candélabres formés par des statuettes de femmes drapées, portant des bouquets à six lumières sur socles marbre, style Louis XVI.

269 — Coupe en porcelaine du Japon, polychrome, monture bronze.

270 — Tapis à compartiments, fond jaune, encadré de moquette bleue.

271 — Galerie de foyer en bronze doré, style Louis XVI.

Troisième chambre à coucher

272 — Décoration d'une croisée et d'un lit, en satin bleu, garnie de draperies en peluche vieil or, style Louis XVI.

273 — Garniture de cheminée en émail cloisonné de Chine fond bleu à fleurs, monture en bronze, style Louis XIII, composée : d'une pendule et deux candélabres à cinq lumières.

274 — Médaillon eu biscuit de Sèvres : *le Prince Impérial*. Signé : J. PEYRE.

275 — Ameublement de chambre à coucher en noyer, composée : d'un lit de milieu, une table de nuit, une psyché à glace et une toilette-commode à coiffer.

276 — Deux chaises bois noir et or, cannées.

277 — Bureau à abattant, décor genre vernis MARTIN : *Scène pastorale* .

278 — Carpette à moquette, fond crême, à fleurs.

279 — Deux flambeaux en onyx et bronze doré, style Louis XVI.

280 — Table à ouvrage en thuya et palissandre.

Quatrième chambre à coucher

281 — Ameublement de chambre à coucher en acajou, composé d'un lit avec sommier, un chiffonnier-secrétaire, une table de nuit, un petit meuble à tiroir, style Louis XVI.

282 — Grande armoire à trois portes pleines, en acajou massif, style Louis XVI.

283 — Carpette.

284 — Paire de rideaux en cretonne.

285 — Table à écrire en acajou.

Cinquième Chambre à coucher

286 — Ameublement en bois de sycomore fond rose, composé d'un lit, une armoire, une table de nuit.

287 — Chaise longue en étoffe de fantaisie, bleu et vieil or.

288 — Fauteuil analogue.

289 — Petite table en pitchpin.

290 — Chaise en pitchpin.

291 — Carpette moquette.

292 — Descente de lit Turkestan.

293 — Pendule en majolique.

294 — Rideaux d'une fenêtre en cretonne.

Sixième Chambre à coucher

295 — Armoire normande, chêne sculpté.

296 — Lit en cuivre.

297 — Carpette moquette.

298 — Deux chaises à X en noyer.

299 — Pendule bonne en marbre rose.

300 — Deux potiches du Japon polychrome.

301 — Paire de flambeaux en cuivre.

302-305 — Meubles divers.

306 — Deux panneaux en bois sculpté, XVIe siècle, représentant deux empereurs.

TABLEAUX

ANDRIEU

307 — *Tigres au repos.*

BRILLOUIN (Georges)

308 — *Vaches au paturage.*

309 — *Paysage de Saintonge.*

CALAME (A.)

310 — *Torrent dans les Alpes.*

CLÉSINGER

311 — *Paysage d'Orient.*

COURBET (Gustave)

312 — *La Vague.*

DENEUX (Gabriel)

313 — *La Baratteuse.*

DORÉ (Gustave)

314 — *Espagnoles à l'église*

Cadre en bois sculpté et doré.

FAVART

315 — *Portrait de Mme de Mailly*

Signé et daté : 1814.

FEYEN PERRIN

316 — *Femme couchée*

Étude.

JERDERESE (Jeanne)

317 — *Vase de fleurs*

Aquarelle.

LAFON (François)

318 — *Jeune Paysanne*

Pastel.

LEDIEU (Ph.)

319 — *Chevail de trait.*

MASSON (Bénédict)

320 — *Marine.*

POIRSON (Maurice)

321 — *Scène du moyen âge.*

ROSA BONHEUR

322 — *Bœufs romains*
Étude.

ROUSSEAU (Philippe)

323 — *Portrait d'homme.*

ROUSSEAU (Théodore, attribué à)

324 — *Étude d'après nature.*

SAINPIERRE

325 — *Jeune fille au manchon.*
Cadre en bois sculpté et doré.

325 *bis* — *La Fille de Jephté,* grand panneau décoratif (signé).

TOURNIÈRES

326 — *Portrait d'un magistrat.*

VALTÈS (G.)

327 — *Fleurs.*

WEISZ

328 — *Jeune orientale accoudée sur un lion*

Aquarelle.

WITT (E. DE)

329 — *Intérieur d'église.*

ÉCOLE FRANÇAISE (XVIIIe SIÈCLE)

330 — *Jeune femme lisant une lettre.*

Cadre doré à nœud de rubans et guirlandes de fleurs.

ÉCOLE HOLLANDAISE

331 — *La Bulle de savon.*

332 — *La Récureuse.*

ÉCOLE HOLLANDAISE (XVIe SIÈCLE)

333 — *Portrait de vieillard.*

ÉCOLE ITALIENNE (XVIe SIÈCLE)

334 — *Portrait d'un peintre.*

Cadre en bois sculpté, noir et or, de l'époque.

ÉCOLE MODERNE

335 — *Étude.*

336 — *Fleurs.*

337 — *Cavaliers Louis XIII.*

338 — Tableaux et autres objets omis.

www.ingramcontent.com/pod-product-compliance
Ingram Content Group UK Ltd.
Pitfield, Milton Keynes, MK11 3LW, UK
UKHW021316190726
13839UKWH00007B/1879